Hallarse en la noche

Gloria MiláDelaRoca

Hallarse en la **noche**

katakana
editores

PRIMERA EDICIÓN 2026
Hallarse en la noche

EDITOR: Omar Villasana
DISEÑO: Elisa Orozco

ISBN: 979-8-9922137-4-4

katakana editores corp.
Weston FL, 33331
katakanaeditores@gmail.com

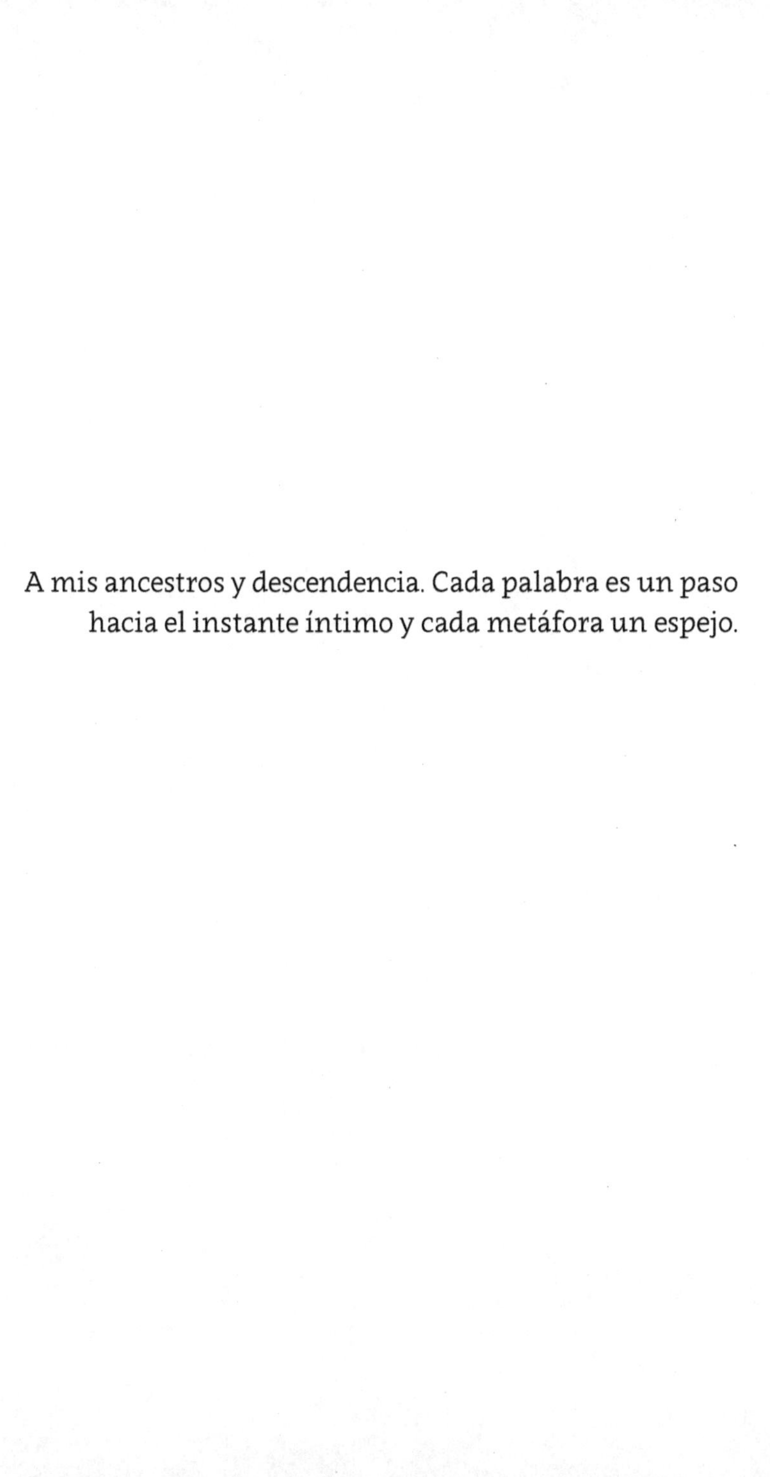

A mis ancestros y descendencia. Cada palabra es un paso hacia el instante íntimo y cada metáfora un espejo.

Prólogo

Desde tiempos inmemoriales la humanidad ha buscado refugio en el lenguaje para de esta manera aprehender los momentos más trascendentales del existir.

La poesía en este sentido ha sido y será siempre el hogar más preciado por el lenguaje para construir dicho refugio.

¿Qué mejor momento para envolverse de las palabras que la noche?

Con *Hallarse en la noche* de Gloria MiládelaRoca, katakana editores, nuestro sello editorial se complace en ofrecer un espacio donde el lenguaje puede encontrarnos en esos momentos de reflexión y nostalgia.

Todas mis noches las llevo por dentro.
Todas mis voces salen de adentro.

Concebido a manera de tríptico: aforismos, haikus y poesía, cada una de estas secciones genera una estructura que en su conjunto mantienen un bello equilibrio para sostenernos a través de la oscuridad.

Sigo la sombra
hasta llegar a la luz.
Mueren las horas.

Pero el lenguaje también es la llave que abre el corazón de los amantes, la añoranza de los amores de un ayer que ya no volverá y es aquí donde la noche y los versos de Gloria MiládelaRoca nos hallarán.

solos
en nuestro espacio de tumba
nos alcanza la verdad que arrastramos
escondiendo esta rebelión
como sonrisa de perro fiel
mientras tu sombra me abraza
y este cuerpo
deja caer inerte su deseo
qué presencia sin lengua ni rostro la nuestra
entregada al abrazo de la sed
río de miradas
de roces
de piel

Omar Villasana Cardoza
Fundador y editor general
katakana editores
Abril 2026

Sentencia imperfecta, una forma de hallarse

Cuenco infinito: sabiduría y materia. 田

Todas mis noches las llevo por dentro.
Todas mis voces salen de adentro. ▣

Sueño porque creo en mi propio sueño.

La noche perfecta es un baile nocturno. ⊞

Que lluevan mil horas, mientras no me llueva por dentro. 🀆

Esta incertidumbre de contraluz, deja un rastro vacío en mi piel y solo acaba cuando llega el anochecer. 历

No estamos más en este ahora. Cavamos en el suelo y nos atamos en el tiempo. ▣

Me entrego en este valle insomne,
esperando nuevamente ser desvelo. ▨

Mundo, no puedo dejar rastro en esta intolerancia de existir, sin que seamos nosotros.

Cada noche que regrese aquí, traeré mi voz y lo diré. 历

Lo más brillante no es siempre lo más sublime.

Puede que mi cuerpo se destruya.
Mas me importa que mi espíritu irradie fuerza. 力

El cosmos oscuro e insondable que llevamos dentro,
adiestra la imaginacion. 万

Las paredes son los espejos de quienes están vacíos.

Busquemos detrás de las nubes, donde se ocultan los sueños del siguiente verano.

Las pasiones no entienden de precio.
Se tienen y se entrega todo. 历

¿Qué es algo incondicional? El afecto que nace hermanado al corazón, como vinculo intangible, que permite confiar y amar desde la pureza y la alegría. ▣

Quiero un vestido color noche, usarlo
y confundirme como sombra.

Soltemos amarras. La noche es larga y debemos partir. ⊞

Siempre caemos en el sueño profundo del olvido.

En mis labios habita un silencio adherido
al recuerdo que navega por mi sombra.

La noche siempre nos trae de regreso.

Inevitable: siempre nos cruzamos para dejar algo, también para llevarnos algo, pero no siempre es perceptible para quien da o recibe.

Hallarnos: ¡Que palabra más hermosa!.

Reconstruirse por dentro un alma, un eje,
un verbo o el yo que inadvertimos. ◼

De mirada opaca y aparente calma.
Así es la realidad del espejismo.

Ante la duda, este sueño nació en la soledad
y sigue el rastro de huellas invisibles.

No espero el tiempo. Lo busco aquí, donde las horas
son como agua de rio: un fluir permanente
que me hace hoja de cauce.

Hoy escribo desde mi cuerpo y no bastan palabras para llenar una oración. 囝

Quien no ilumina, ni que se nombre mil veces,
ni que se incendie. 力

La ausencia moribunda te devuelve. Respiramos.

El silencio, guardián que oculta mi respuesta. 历

La noche sabe de incertidumbres
que mueren con el amanecer. ⊞

La luna no siempre purifica el juicio
porque nace efímera.

Me revelo ante el asombro, habitando
mi propio silencio.

Mejor hacernos un buen árbol y que la sombra alcance a algunos mas.

Melancolía. Ley transitoria del abrazo incompleto. ⊞

Y entonces me transformo en ente desconocido,
pero más calmo. ⊞

Desconozco dónde queda el regreso. ⊞

Tampoco sé, de cuál gota de agua nació el océano.

Haikus, para hallarse en la noche

Y en este cuenco
solo el agua he guardado
para ofrecerla.

Ven caracola,
laberinto infinito.
Vibración y ser. ⊞

Una realidad
es sabernos presentes
y no hallarnos. 历

Somos naufragio,
nos forjamos tormentas
en nuestras costas. 𐄂

Sigo la sombra
hasta llegar a la luz.
Mueren las horas.

Sentir el dolor
cuando llega el otoño
es desconsuelo.

Pétalo roto
lloras toda la noche.
Nadie lo sabe.

Percibo cantos,
cuando las flores abren
en primavera.

Lloras corola,
el invierno te llama.
¿Amas el frio?

¡La nieve solo
coronará tu estigma
por un instante!.

Líneas en alto,
susurran en el viento.
Buscan la noche.

Inteligencia,
fragmento del tiempo.
Hemos nacido.

Hilos abruptos
que el destino entreteje
todas las noches. 历

Estrella de mar,
conoces los secretos
y no reclamas.

Esencia vital
cuando la fruta cae
y se cosecha.

Entraba la luz
abrazando la lluvia.
Eran amantes.

En la llanura
ha llegado la hora
de la sequia.

En el silencio
el instante es eterno.
Nace la ausencia. 毌

Átropos dice:
cada paso es un giro
hacia lo incierto.

Anhelo saber,
seguiré en trashumancia
Hasta lograrlo.

Hallarse en la noche. Poemas

yacemos
como sueño de la sombra
raíz profunda entretejida
sepultamos juntos un nosotros
dejamos que respire este silencio

escuchamos un lamento polvoriento
hemos muerto en la noche del olvido
escupiendo los dolores de un secreto
sellamos nuestras vidas al desnudo

la tierra ya cansada nos deshoja
las palabras sólo cortan el espacio
y mas allá de lo que somos
-pensamiento fríamente separado-
volveremos a ser noche al encontrarnos.

ahora pienso en tu voz
el susurro que dejas sobre mí
en tus manos avanzando por mi espalda
mientras mi cuerpo se desnuda

recuerdo cómo respiras en mi piel
en tu aliento que me envuelve por completo
dejando una historia que prolonga
sabores enredados en mi boca

ahora percibo tu cuerpo dormido
y luciérnagas de agua se detienen
preñadas de carne y besos
esperando la hora del ritual.

voy sucediéndome en tu palabra
arrullando mi espalda con tu boca
en este vals que nos sucumbe a la marea
a un paso de sal florecemos
oprime mi piel de alga
condensa tu mundo en mi festejo
como arena que recibe
soy ahora resaca de tu mar
vamos desandando playas de fiesta
aguas y corriente
hoy somos luna llena.

aquel mortal
sometido al ocaso
moja la piel de su aventura
se espanta de soledad

un equipaje de disfraces
de caretas murmurantes
hacen una fiesta de su ayer
lo busca el viento

henchido de anarquía
un eco negro que hostiga
y carcome pensamientos
grita desde su pecho bizarro
lo acobarda.

viéndote caer ausente
sobre este lecho de niebla
dejo de buscar tu piel

llevamos el desconcierto a cuestas
sin luna
sin edad que nos detenga
condenados
a la infinita pleamar
          una distancia que sentimos dentro

con ligereza gris
el tiempo nos alcanza
sin darnos tregua
buscamos el silencio de las nubes
o la soledad de algún crepúsculo
nos dejamos arrastrar al desencuentro

invado tu leve recorrido
reanudamos nuestro paso
no dejas rastro alguno
          mueres dentro de mi.

conozco el invierno desde siempre
nunca he sabido de un abrazo que deje afecto
ni he sentido como se detienen los latidos
porque mi corazón se ha forjado en la neblina

no puedo impregnarme del calor que ofrece un beso
cuando mi alma ha recibido
un vaho glaciar nacido del silencio
que domina mi energía por completo
y duerme conmigo el custodio de la indiferencia

mi tiempo lo alcancé en el sueño
se le enredó el hastío
le retoñó una muerte inminente
mientras reía. ◼

un cielo de lluvia infinita
cincuenta minutos eternos
y esta noche que me abriga
de la ausencia que se vuelve contra mi

no tengo instrucciones para esta hora
lo infinitamente absurdo me aguarda
pretendo armarme del agua que cae
pero soy solo otra sombra que yace

observo las heridas que habitan mi espacio
en un lecho saturado de ofrendas
soy el cuerpo palpitante
haciendo antesala al demonio que llevo dentro.

cuando la noche nace
me domina por dentro
la brisa helada
separo mi aliento
afloro imperturbable
y deja de existir la madrugada

en mi voz crece un silencio
una reflexión vanidosa
doblega mi juicio
solo invento destino y tiempo
la entrega perfecta
no hablas
yo miento.

tiemblo

mis manos tiemblan
mis piernas se desvanecen
cuando percibo el sonido del roce entre nosotros
mi sangre entiende
cuando nace la onda que transmite el susurro de tu boca
siento mi cuerpo etéreo buscando
mis manos tocan
pruebo la piel de tu piel que sabe de mi
veo una frontera interminable
un abismo habitado
y cuando nuestros cuerpos caen
mi vientre te sostiene
sobre un lecho de sombra y luz ▣

tengo estas manos esperando tocar tu silencio
mi boca sabe de tu llegada
con el roce de la espera
al encontrarte
el delirio nace como lluvia de amanecer

tallo las horas que anteceden tu regreso
doy forma a tu mirada de aurora
al entregarte
voy habitando calmadamente tu cuerpo

tengo estas manos dibujando tu noche
mi boca no concibe tu ausencia
junto a mi duerme tu origen
sobre mi seno
florece el sueño inasible de tu presencia.

te deslizas
entre sombras te enredas
en ese velo nocturno
apareces
espero que llegues con la noche
acechando cada hora
vuelvo otra ves
verte andar ese sueño de la nada. ∎

de dónde vienes
qué asteroide te ha dejado en mis brazos
convirtiéndome en elemento que agitas
anulando mi voluntad
turbando con tu pócima mis reflejos

por qué te vas
qué cielo podría desearte hasta un latido final
no existe materia más docil
que pueda albergar tu avidez
permíteme ser yo quien lo confiera
quédate aquí.

su eco germinó en el vacío
interrumpida en su frecuencia
la tonada de una canción extranjera
planta en el fango sus huesos
ni las manos del alfarero
ni mil conjuros elevados al cosmos
harán retroceder
el tedio sofocante de su memoria
perseguido en su camino
el hombre de la fantasía
invoca disfraces de patriota
con su muralla de palabras
queriendo seducir vírgenes
en la doctrina de un falso templo
trasnocha su vanidad
en aquel nirvana solitario.

déjame apagar los miedos y
borrar el rastro de las culpas
prueba el silencio de la calma con mi aliento
abandona la soledad que te derrumba y
el llanto que te oprime por no habitar tu casa

el anuncio de la noche con su calor de sombras
esperan el ritual de tu llegada
porque sería inmenso
que nuestra piel se vuelva historia.

su boca
de agua dormida
deshabitada entretiene la lujuria
con melodías
ella
invita con su mirada
hospedaje de ligerezas
          en la noche negra
devora machos
dirige un juego de cartas
en la isla de la utopía

          encanto prieto
          corona viva
          limbo de pecados.

duele tu angustia
cuando percibes mi cuerpo consumido
y lo ves partir hacia la última frontera
no siento nada
            luego de lavar todas mis penas
porque este frio ahuyenta la tristeza

y tu
mi guardián de todo lo que tengo
que te has vuelto testigo de este duelo
vendrás a vestir este cuerpo desolado
con mi mejor gala
y yo solo seré una piel descolorida.

el bordado de la lluvia ha terminado
planto una mirada de horizonte
busco tu espalda
emerges como atadura reflejada

sigo el canto de tu hilo
hilvano en este sueño
aquellos trozos de tu voz

mi lejanía
mi desnudez en el desierto
en este valle insomne los entrego
esperando nuevamente ser desvelo

nutro cada espacio
absorbo las partículas de tu ego
quedamos serenos
entrelazados

despojados de pudor nos encontramos
al destejer la soledad de nuestro lecho. 历

soy arena que espera el regreso de la ola
la que cubre
inunda
soy mar y rio en el estuario
principio y fin en la existencia del tiempo
rechazo enmudecer
expatriarme al otro mundo
colmado de ruinas pétreas que me convierten en sal
y me extinguen por dentro.

el silencio
de los amantes cristalinos
bordado de penumbra
justifica en ellos un trayecto
            íntimos
la túnica que llevan
va incrustada de humedad
liberando a cada paso
un llanto en la piel escondido
cómplices del sueño extranjero
alborozan los amantes su noche
olvidando su escasez en la mesa de un café.

solos
en nuestro espacio de tumba
nos alcanza la verdad que arrastramos
escondiendo esta rebelión
como sonrisa de perro fiel
mientras tu sombra me abraza
y este cuerpo
deja caer inerte su deseo
qué presencia sin lengua ni rostro la nuestra
entregada al abrazo de la sed
río de miradas
de roces
de piel

carne huesos
sabores y humedad
hemos llegado hasta aquí sin pronunciar palabra
porque el tiempo se nos ha zurcido en la apariencia
y el polvo que se detiene en el espacio
ha consumido cualquier cosecha
no tenemos las manos mansas
que acaricien rostros de niños
porque no vemos más que nuestra propia oscuridad. ■

ella
columpia su vasija
cargada de labor y pena
como péndulo invariable
calma la esperanza de mil costados
salta sobre sus pies con osadía
un resplandor incinera su mirada
cuando lo encuentra
cuando su hombre la enfrenta
ella
que estalla sobre sus ganas
deja su cántaro sin contratiempo
no da vuelta ni mira atrás
acompañada de su amado
regresa al mar.

sobre mi pecho llueve
lo espeso de tu alma
en la caída de este pensamiento indetenible entrego
toda mi negrura de naufragio
a la sombra de esta hora ofréceme tu voz para abrazarla
abanderarla sobre mí
concédele un lugar a este cuerpo exiliado
libérame de este universo
abriendo mi claustro
extingue el fetiche que en mi cuerpo vive
convierte en tregua tus cuatro costados desaloja mi
encarcelada vacuidad habítame.

en este andar pausado
dejo toda mi negrura
heredo miradas silentes
esas que recogen el rastro de mi debilidad
no siento vergüenza
dejo en el polvo mi honra
el pudor a un lado

esperando ver cómo consumo tu inocencia
veo mi vientre besar la tierra de tu paso
soy el testigo de mi propio disfraz.

esta noche me habita
el desgaste de cada poema
la trova forastera que siempre cortejo
la que anuncio en cada verso
engendrado en el futuro de mi voz
avanzo de forma diferente cada día
buscando llegar hasta mi Yo
y cuando ya duerme el sol
me abrazo a la insondable oscuridad
siempre regreso al silencio con el alba
porque me asusta la bruma fría
que me acorrala diferente
en cada intento de vivir.

en un descuido
se acerca el miedo a mi piel
respiro lento y calmo al fantasma
soy otra
mientras contemplo mi cuerpo ante el espejo

eufórica
la sangre lame mis venas
cuando disparo a la muerte
cediendo al impulso de otra dimensión

la hora es eterna
los lamentos espesos
y mi respuesta incierta
no me concede un adiós.

sin derecho al regreso
en sus manos ligeras
ningún pensamiento
solo él y un espacio cerrado
un cordel en la diestra
destruye el tiempo
lo impulsa su voluntad
Índigo. ▨

en una alcoba de corta luz
donde la memoria es una carga
se tiende
poseída por un ocaso
saborea su agitación
confesa
ningún periódico lo anuncia
días de lluvia de alborada dulce
oscurecen
se distrae en el tiempo con bálsamo y barniz
lujuria de la hora en que fallece
en un paraíso cerrado contra la palabra.

rastro
silencios
aguarda
argumentos
espacio
existimos

rojo intenso en la piel
detiene el tiempo de silencios
miradas que se olvidan del lugar
atienden un poema
engrandecido por un vals
hierbas escogidas para mi
abren un sendero a mi paso
habitación inexplorada de un país eterno y mudo
abre sus puertas y celebra.

esa luz que derramas sobre mí
adormece mi ego
lo hace tuyo al amanecer
verbo audaz
tu lecho cierra el encuentro
en mi recuerdo dejas un canto sutil

quiero tu regreso en esta levedad
imperceptible
cuando hipnotizas mi piel
donde pruebas mi beso
mientras sucumbo nuevamente
esperando la llegada de tu sexo.

por tus manos corre mi voz
húmeda de pensamientos
perforada por el olvido
desatando ríos grises
en el atardecer dormido de la desnudez

somos así.

estas aquí para invadir mi piel
vivirme con toda tu insolencia
como una sombra furtiva
en una hora diferente

vuelo sobre tu lengua inmortal
evoco de nosotros la sed
regreso dócil al arroyo de tu boca
regalado por la luna peregrina del desierto

recuerdo tu canto de lluvia
en la memoria de mi espalda
atrapado con tu último beso
pero hoy solo habitas mi silencio

tengo contigo mi propio inframundo
lleno de destierros
y el abandono viviente de las horas

podemos recorrernos con la mirada ciega
con la yema de los dedos
aprendernos
retener en la memoria cada ángulo
siempre rozar fragmentos eternos
luego esconder algún instante
que quiera crecer con desconsuelo
y nuevamente
conocer cada quimera
en la comisura de tu boca yo me escondo
para que florezcas en el territorio de mi pecho.

este cielo mío enredado de penumbra
se va desplomando ante las horas que te esperan
la noche entristecida que has dejado
no pretende sustituirte
                    y yo
no es tu cuerpo lo que quiero
es lo que queda de ti
luego de haber sido una existencia
                    esta noche yo te espero
con la misma ausencia que se siente en el camino
en la luz que se refleja
en esas manos que viajaban por mi cuerpo
en el anochecer donde vivimos
vuelvo a ver danzar el sueño de tus manos
como un silencio que pasa frente a mí
en la espalda del olvido. ◘

pienso en mi esencia animal
me entrego al silencio
invisible al resto del mundo
pero renazco cuando apareces
somos tracción
materia liquida en el abrazo
tránsito en cada frontera
me aferro a las noches de lluvia
cada que advierto lo inalcanzable que somos
reclamo a la noche tu voz
me hallo en tu huella

estela del tiempo que me sigues
cruza este mar
enrédate en mis piernas insomnes
que la noche tiene hambre de lluvia
savia oceánica
tinta de prisas
de silencio oscuro y salitroso
fecunda mi aliento huérfano de ecos
y confunde mi ser con mi no ser
en retozo agitado de mareas
temporal mío de mar
sangre
hielo y
Eros
libera tus manos preñadas de plegaria
deja que tu lengua transite por mi carne
al final de la tarde en esta habitación.

permanece soberano en el espacio
de la amante virgen su piel
talla su aliento de piedra
deseoso de expandir
sobre la piel su ego
invade la orilla
                    ~~atrevimientos~~
transforma su cuerpo oscuro
                    ~~penetra~~
prometiendo residencia permanente
de sueños anclados a una roca marina.

existimos
en la delgadez del horizonte
desnudas mi sueño
de secretos que rondan

el tiempo macerado
cancela su reclusión
donde habita la noche
entre las manos ariscas

la figurilla convertida en himno
            vigilada
concibe en su camino nuestro abrazo
nace la sed.

pasajero interino
viaja al exilio sin destino marcado
transeúnte
desfigurado por sus manos
lee las cartas de su desigualdad
abandonado
alma al descubierto
desolación
minúscula existencia
sutileza esquelética y descalza.
ave de vuelo errante
busca un aliento
perdido
yerra el destino
nada oculta
nada tiene
retuerce su carne indolora
deja su espejismo
en manos de la muerte.

extraño
inhóspito y rayado por la brisa
por las heridas de un rostro olvidado
placer exiguo
sepultado en su desencanto

nadie desentierra tu sueño
nada desempolva tu sombra
turba de mortajas abrigadas en la noche
          [Que] acosan el respiro
                y se incrustan

cuerpo frío
          marchito
misántropo de la delicia
laberinto disuelto por el paso de la oquedad
negación absoluta de los deseos
de su negrura

luz apetrolada
entumece mi sexo
amordaza los desaciertos
márcame con tu descanso
          en el mundo de los exilios
          eres mío. ■

noche

regresa tu mirada
envuélvenos con tu sueño
prueba con tus manos
lo escondido de nosotros
acostúmbranos a tu sombra
            vívenos

vuelve tus ojos negros
déjanos andar en el delito
bajo tu velo nocturno
deslízate en este encuentro
atrápanos con tu red

invítanos de nuevo
a beber de lo imposible
acerca mi vino a su boca
abrázanos con tu secreto
embriáganos de lo absurdo.

flor de loto blanquecina
fertiliza esta árida tierra
deja en mi cuerpo el rastro
inconfundible de tu voz
corteja mi viento adormecido
extingue la noche que llevo dentro

te espero desde esta piel
suave hierba de la estepa
sobre la sábana
hazme nacer una mirada virgen
con tus manos de verbo
baila sobre mi vientre eterno

nutre cada hendidura con el rocío
miel que nace de tu siglo
abrázame
con el arreo de tu faena
hasta que tu sombra llegue
me envuelva
y duela.

no soy de sal ni arena
vivo peregrina en esta isla
esperando que las aves me trasladen
hasta el murmullo inerme de tu voz
soy los huesos del desierto
que sosiegan el eco de mi vientre
con baladas en la hora del silencio
esperando que agonice cada instante
y regreses al lugar que nos abriga
desvelada
en tu costado quedo frágil
saboreando el rocío de la sed.

ha regresado mi hombre a palacio
el mismo que invade mis entrañas
y logra conquistar el vacío que me crece
cuando se aleja
Él sella con su voz inconfundible mi quimera
seduciendo el pecado de mi pecho

tenerlo es consagrar en la comunión el cuerpo
descender a la profundidad de un mar inexplorado
dormir con la inquietud del abandono amanecido
y hallarse en la noche que celebra el encuentro

es medianoche
llega la niebla que transforma mis besos
conquista mi torso de Isadora
y derriba mi piel sobre su sexo

no menciones mi nombre
regrésame a ese instante de no saber quien soy
invócame a través de tu mirada
vierte en mí la antípoda del desierto.

miradas de arcilla
descienden sobre la piel
que grita besos
labios de lluvia seca
entregan
          porque no tienen deuda

en el delirio de mi ser
sueño con tu andar obsceno
arrebatado en mi locura

roza mi cuerpo con tu lengua
lava esta aridez que hastía
en la hora de la hora
hazte presente
entrégame tu vanidad.

habitada de neblina
desde mi paralelo llego
concediéndole a tu piel
el etéreo trazo de mi desnudez
sobre un lecho de palabra y sed

deliro sobre mi propio yo
caudal de piernas boa
cuerpo de vientre vivo
fecundas de paz mi aurora

coexisto en el eco anunciado de tu verbo
insinúo besos al viento
espero la respuesta en mi vigilia
mientras llueven tus pupilas sobre mí
analogía de principio y fin.

me evaporo
proceso de mi propia nostalgia
todos los recuerdos permanecen suspendidos
como naufragios de sueño eterno
de piel desnuda y fría.

muerte
tienes marcada en mi tu hora
Señora de nuestro destino
aguardas arrogante tu querella con mi vida

acepto
puedo morir en este instante
en cada noche que se abra frente a mí
junto al abrazo inerte de la madre
en el deseo del amante que no vuelve

muerte
esperas mi llegada en tu principio
cuando mis ojos tiemblen
y mi boca exhale algún perdón

aguardo
yaceré frente al deseo que acecha mi cuerpo
por la piel que enciende una mirada
el instante en que mi aliento nutra

y cuando ya no sea una existencia
habitaré inmortal en la palabra del poeta
mientras avanzo de tu mano
y dejo tras de mí una deuda con la vida.

hoy apareces de nuevo
ofreciendo llenar de besos mi piel
materia soy
nacimiento de aventura
y en mis pupilas queda tu regreso
como sello lacrado de mi destino
miel a mi boca llevas
dejando en tu vuelo la escarcha
que hará perdurar en mí tu voz
cuando escriba tu nombre mil veces
ráfaga tibia sobre mi espalda
en la noche buena que nos envuelve.

magma de los mil siglos
por todos un planeta olvidado
herrumbroso
viste en mí una imagen gemela
reflejo de tu soledad
aliento gélido
raptor de mi dogma vital
recuerdo pétreo de ningún tiempo
salvoconducto hacia la nada
no me aferro a tu querencia
nuestra orbita no existe mas.

hoy espero que tu boca me decida
tus manos quieran habitarme
y regrese a mi destino tu mirada
tengo mundos que crecen en mi pecho
fantasmas que me incendian
                                        me deshojan
la voz que me inunda de naufragios
convirtiendo mi carne en ceniza penitente
de miedo y sal.

laberinto arcano
generoso de caprichos
guardas el sabor ajeno
                                        nácar y miel
centinela de un país extraño
viertes vino en tu boca
camafeo de memorias
 augurios
tendidos en su sombra
refugio del sueño impensado
amantes
                                        de nácar y miel
descubrimos el reino del colibrí. ⊞

hoy habitas mi silencio
no recuerdo tu palabra
ni encuentro en la memoria de mi espalda
la exaltación de tu último beso

quiero volar sobre otra historia
diluir de nosotros la sal
que mi boca grite en otro cuerpo
a otro día conceder mi desnudez

hoy ocupas una hora distinta
de crepúsculo sin rostro
y soledad a cuestas

ya no sabrá de mi piel tu asombro
ni lloverá en nuestro lecho
el tiempo horizontal.

la noche me observa en el silencio
cuando me envuelves con tu ave-sombra
yo
cubierta de lienzo virgen
espero abrir la clave del umbral

la noche me ciñe con tu lluvia callada
me rodean las manos que ella me envía
tu ave-sombra
verla llegar siempre lo invento.

cuerpo desnudo lanzado al vacío
ambición del pasado
derramada en el aire
pretende que su oxígeno lo purifique todo
es la fábula de un transitar
la utopía de mi búsqueda
convertida hoy en desierto perdido

no hay horizonte que regrese a tu abrazo
el velo hechicero con que cubres tu rostro
no esconde más tu absurda seducción
no voltees, no insistas
termina ya con tu destructiva avaricia
solo encontrarás una materia consumida l
legaste por un débil costado
dominándolo todo

ya no existe el ídolo de humo.

II

cuerpo desnudo lanzado al vacío
ambición derramada en el aire
impuro
ficción de un camino desierto

no hay horizonte que regrese a tu abrazo
velo hechicero
solo encontrarás materia consumida
eco muerto

llegas por un débil costado
ídolo de humo *II*
ya no existes. ▣

soy pasado imperfecto que no sabe del tiempo
no reconozco la soledad de mis manos
ni entiendo que estés ausente
tu abrazo puedo descifrarlo desde el instante que
apareces en mi pensamiento
como un verso que me hubieras leído
soy emoción atemporal por querer tenerte
que la posibilidad de tu ausencia me abandone
y la sonoridad de tu voz no vuele hasta el silencio
soy ayer y ahora cuando la noche calla
y nuestro lecho hiela
pero me convierto en flama para seguir sintiendo
podría ser futuro porque mi voz todavía te invoca
como si estuvieras presente
pero soy preterito imperfecto al sentir todavia
el eco de tu abrazo
y la envoltura de tu piel sobre la mia

y ahora que conoces como transcurre
el verbo en mi piel
en este instante suspendido sin espacio ni tiempo
cuando podríamos ser simbiosis que trasciende
donde el mundo se aquieta
dime qué secreto habita tus entrañas
qué fantasmas de la historia apartan tu mirada
cuando sabes que la ausencia es un verso
que se queda suspendido
y el silencio un río eterno que diluye las horas
pudiendo nosotros ser el cosmos
o Dios latiendo en un solo misterio.

Gloria MiládelaRoca. Nacida en Caracas, Venezuela y radicada en Miami, Florida. Poeta y creadora visual de trazos en blanco y negro. Ha participado en exposiciones en Venezuela, Miami, Colombia y España. Participó en la antología *Aquí.*

{Ellas} en Miami, selección de poetas miamenses (Katakana Editores, 2018), en la antología *Madres*, Proyecto Berbel, Madrid (Editorial Mercurio, 2024), Mecanismos del instante, antología de microrrelatos, Miami (Ars Communis, 2024). Poemas suyos han sido publicados en varias revistas digitales e impresas como Roja Turbación, Nagari impresa y digital, Revista Baquiana y Alcanza Poesía, entre otros. ⊞

www.ingramcontent.com/pod-product-compliance
Lightning Source LLC
LaVergne TN
LVHW090526110826
845146LV00003B/1001

* 9 7 9 8 9 9 2 2 1 3 7 4 4 *